Refugees Welcome
Begrüßungsbuch für Flüchtlinge

AF160962

1

Herold zu Moschdehner

Refugees Welcome
Begrüßungsbuch für Flüchtlinge

Bibliografische Information durch
Die Deutsche Bibliothek:
Die Deutsche Bibliothek verzeichnet diese Publikation in
der Deutschen Nationalbibliografie; detaillierte
bibliografische Daten sind im Internet über
http://dnb.ddb.de abrufbar.

ISBN 9783738643015

Copyright (2015)
Herstellung und Verlag: Books on Demand GmbH,
Norderstedt
Alle Rechte beim Autor.

13,66 Euro

Herold zu Moschdehner hat in ungefähr 32 Ländern gelebt und flüchtete nach dem burmesischen Laternenkrieg wieder zurück nach Deutschland. Er ist ein Weltenbürger und gibt dies mit diesem Buch eindrücklich zu verstehen.
In den vielen Sprachen der Flüchtlinge heißt er sie mit diesem romantischen, heiteren und ernsten Buch herzlich willkommen.

Herzlich Willkommen lieber Flüchtling, wir freuen uns, dass Du gerade dieses Land für Dich ausgesucht hast. Wir sind reich genug und können sehr gerne mehrere Stücke von unserem Wohlstandskuchen abgeben. Lass Dich umarmen, Dir die Hand geben oder einen Bruderkuss aufsetzen. Schön, dass Du da bist und schön, dass Du uns mit Deinem Sein, Deiner Kultur und Deinen Erfahrungen bereichern wirst.
Die nächsten Seiten sollen Dich in Deiner Sprache willkommen heißen. Dieses Buch dient den Helfern dazu, Dich angemessen und warm zu empfangen.

Wir freuen uns auf Dich
Herold zu Moschdehner (Im Auftrag aller Einwohner Deutschlands)

Welcome dear refugees ,
We are pleased that you have just chosen this country for you. We are rich enough and can very happy to submit several pieces of our prosperity pie. Let me embrace you , to give you a hand or putting a brotherly kiss . Nice that you 're here and beautiful that you will enrich us with your being , your culture and your experiences .

These pages are here welcome you in your language. This book serves the workers to adequately and warmly receive you.

We look forward to you
Herold to Mosch Dehner (On behalf of all residents of Germany)

欢迎亲爱的难民,
我们很高兴地看到,你只是选择了这个国家给你。我们有足够丰富,可以很高兴地提交几件我们的繁荣馅饼。让我拥抱你,给你一只手,或将一个兄弟的吻。不错,你在这里和美丽,你将丰富我们与你的存在,你的文化和经验。这些页面在这里欢迎您在您的语言。这本书提供了人员,以充分和热情接待您。

我们期待着您
赫罗尔德于Mosch Dehner
(代表德国的所有居民)

Huānyíng qīn'ài de nànmín,
wǒmen hěn gāoxìng de kàn dào, nǐ
zhǐshì xuǎnzéle zhège guójiā jǐ nǐ.
Wǒmen yǒu zúgòu fēngfù, kěyǐ hěn
gāoxìng de tíjiāo jǐ jiàn wǒmen de
fánróng xiàn bǐng. Ràng wǒ yǒngbào nǐ,
gěi nǐ yī zhī shǒu, huò jiāng yīgè xiōngdì
de wěn. Bùcuò, nǐ zài zhèlǐ hé měilì, nǐ
jiāng fēngfù wǒmen yǔ nǐ de cúnzài, nǐ
de wénhuà hé jīngyàn.
Zhèxiē yèmiàn zài zhèlǐ huānyíng nín zài
nín de yǔyán. Zhè běn shū tígōngle
rényuán, yǐ chōngfèn hé rèqíng jiēdài
nín.

Wǒmen qídàizhuó nín
hè luō ěr dé yú Mosch Dehner (dàibiǎo
déguó de suǒyǒu jūmín)

Welkom liewe vlugtelinge,
Ons is bly dat jy net gekies hierdie land vir jou. Ons is ryk genoeg en kan baie gelukkig om 'n paar stukkies van ons welvaart pie voor te lê. Laat my jou omhels, om jou 'n hand te gee of om 'n broederlike soen. Lekker dat jy hier is en mooi dat u ons sal verryk met jou wese, jou kultuur en ervarings.
Hierdie bladsye is hier welkom in jou taal. Hierdie boek dien die werkers aan jou voldoende en hartlik ontvang .

Ons sien uit daarna om jou te
Herold om Mosch Dehner (Namens al die inwoners van Duitsland)

Mirëpritur refugjatët dashur,

Ne jemi të kënaqur që ju keni zgjedhur vetëm këtë vend për ju . Ne jemi të pasur të mjaftueshme dhe mund të shumë të lumtur për të paraqitur disa pjesë të byrek tonë prosperitet . Më lejoni të ju përqafojë , për të ju jap një dorë ose duke i dhënë një puthje vëllazërore . I mirë që ju jeni këtu dhe të bukur që ju do të na pasurojë me qenien tënde , kulturën tuaj dhe përvojat tuaja . Këto faqe janë këtu ju mirëpresim në gjuhën tuaj . Ky libër i shërben punëtorëve për të marrë në mënyrë adekuate dhe ngrohtësisht ju .

Ne shohim përpara për të ju
Herold për Mosch Dehner (Në emër të të gjithë banorëve të Gjermanisë)

نرحب اللاجئين العزيز،
يسرنا أن كنت قد اخترت هذا البلد فقط بالنسبة لك . نحن أغنياء بما فيه الكفاية و يمكن في غاية السعادة ل تقديم عدة قطع من لدينا فطيرة الازدهار. اسمحوا لي أن تبني لك ، لتعطيك اليد أو وضع قبلة الشقيقين. لطيفة ان كنت هنا و الجميلة التي سوف تثري لنا كيانك ، ثقافتك و خبرتك .
هذه الصفحات هي هنا أرحب بكم في لغتك .
يقدم هذا الكتاب العمال على نحو كاف و بحرارة تلقى لك.

ونحن نتطلع إليكم
هيرولد ل Mosch DEHNER (نيابة عن

Ողջույն հարգելի փախստականներ,
Մենք ուրախ ենք, որ դուք պարզապես ընտրել այս երկիրը ձեզ համար. Մենք հարուստ բավարար եւ կարող է շատ ուրախ է ներկայացնել մի քանի կտոր մեր բարգավաճման կարկանդակ . Թույլ տվեք համբուրեմ ձեզ , տալ ձեզ մի ձեռքը , կամ դնում է եղբայրական համբույրով. Nice , որ դու այստեղ, եւ գեղեցիկ, որ դուք պետք է հարստացնել մեզ ձեր էության , ձեր մշակույթին եւ ձեր փորձի.
Այս էջերը այստեղ ողջունել Ձեզ Ձեր լեզվով. Այս գիրքը ծառայում է աշխատողներին աղեկվատ եւ ջերմորեն ստանալ ձեզ .

Մենք անհամբեր սպասում ենք Ձեզ
Herold է Mosch Dehner (անունից բոլոր բնակիչների Գերմանիա)
Voghjuyn hargeli p’akhstakanner,
Menk’ urakh yenk’, vor duk’ parzapes yntrel ays yerkiry dzez hamar. Menk’ harust bavarar yev karogh e shat urakh e nerkayats’nel mi k’ani ktor mer bargavachman karkandak . T’uyl tvek’ hamburem dzez , tal dzez mi dzerrk’y , kam dnum e yeghbayrakan hambuyrov. Nice , vor du aystegh, yev geghets’ik, vor duk’ petk’ e harstats’nel mez dzer

eut'yan , dzer mshakuyt'in yev dzer p'vordzi.
Ays ejery aystegh voghjunel Dzez Dzer lezvov. Ays girk'y tsarrayum e ashkhatoghnerin adekvat yev jermoren stanal dzez .

Menk' anhamber spasum yenk' Dzez Herold e Mosch Dehner (anunits' bolor bnakich'neri Germania)

Əziz qaçqın gəlmisiniz ,
Biz sizə yalnız sizin üçün bu ölkəyə
seçdiyiniz ki məmnunuq. Biz kifayət qədər
zəngin və çox xoşbəxt rifah pasta bir neçə
ədəd təqdim edə bilər. Mənə bir tərəfdən
vermək və ya bir qardaş öpücük qoyaraq
, əhatə edək. Siz olan , sizin mədəniyyət və
təcrübə bizə zənginləşdirmək edəcək ki, siz
burada olduğunuz gözəl və gözəl.
Bu pages burada dilində salamlayıram.
Bu kitab adekvat və hərarətlə sizi qəbul
işçiləri xidmət edir.

Biz sizə gözləyirik
(Almaniya bütün sakinləri adından)
Mosch Dehner üçün Herold

Ongi errefuxiatu maitea ,
Pozik duzu besterik aukeratutako duten herrialde hau zuretzat gara . Nahikoa aberatsa gara eta ahal oso pozik gure oparotasun pie hainbat pieza aurkeztu. Let besarkadatxo , zuk esku bat emateko edo Anayetassunezco musu bat jarriz . Nice Oraindik hemen duzula eta eder gurekin aberasteko zure izate , zure kultura eta bizipenak izango duzu . Orrialde hauek daude hemen ongietorria duzu zure hizkuntzan . Liburu honek langileen balio egoki eta diosala jaso ahal izateko.

Espero dugu duzun
Herold Mosch Dehner (Alemania bizilagun guztien izenean)

প্রিয় উদ্বাস্তু স্বাগতম ,
আমরা আপনাকে শুধু আপনার জন্য এই দেশ নির্বাচিত করে থাকে . আমরা যথেষ্ট সমৃদ্ধ এবং খুব খুশি আমাদের সমৃদ্ধির পাই বিভিন্ন টুকরা জমা করতে পারেন . আমাকে আপনার জন্য একটা হাত দিতে বা ভ্রাতৃপ্রতিম Kiss নির্বাণ , আপনি আলিঙ্গন করা যাক . আপনি আপনার হচ্ছে , আপনার সংস্কৃতি এবং আপনার অভিজ্ঞতা আমাদের সমৃদ্ধ করবে আপনি এখানে আছেন যে সুন্দর এবং সুন্দর .
এই পেজ এখানে আছেন আপনার ভাষায় আপনাকে স্বাগত জানাই . এই বই পর্যাপ্তরূপে এবং আন্তরিকভাবে গ্রহণ করতে শ্রমিকদের তোলে .

আমরা আপনার অপেক্ষায় থাকলাম
(জার্মানি সব বাসিন্দাদের পক্ষ থেকে) Mosch Dehner করতে Herold

Priẏa udbāstu sbāgatama,
āmarā āpanākē śudhu āpanāra jan'ya ē'i dēśa nirbācita karē thākē. Āmarā yathēṣṭa samr̥d'dha ēbaṁ khuba khuśi āmādēra samr̥d'dhira pā'i bibhinna ṭukarā jamā karatē pārēna. Āmākē āpanāra jan'ya ēkaṭā hāta ditē bā bhrātr̥pratima Kiss nirbāṇa, āpani āliṅgana karā yāka. Āpani āpanāra hacchē, āpanāra sanskr̥ti ēbaṁ āpanāra abhijñatā āmādēra samr̥d'dha karabē āpani ēkhānē āchēna yē sundara ēbaṁ sundara.
Ē'i pēja ēkhānē āchēna āpanāra bhāṣāẏa āpanākē sbāgata jānā'i. Ē'i ba'i paryāptarūpē ēbaṁ āntarikabhābē grahaṇa karatē śramikadēra tōlē.

Āmarā āpanāra apēkṣāẏa thākalāma
(jārmāni saba bāsindādēra pakṣa thēkē)
Mosch Dehner karatē Herold

27

Dobro došli dragi izbjeglice ,
Drago nam je da ste upravo izabrana
zemlja za vas . Mi smo dovoljno bogati i
mogu vrlo sretan da podnese nekoliko
komada našeg prosperiteta pite .
Dozvolite mi da te zagrlim , da ti
pomognem ili stavljanje bratski poljubac
. Nice da si tu i lijep da ćete nas
obogatiti sa svojim bićem , vaše kulture
i vaša iskustva .
Ove stranice su ovdje vam dobrodošlicu
na vašem jeziku . Ova knjiga služi
radnicima da na odgovarajući način i
toplo primiti vas .

Radujemo se što ćemo vas
Herold do Mosch Dehner (u ime svih
stanovnika Njemačke)

Добре дошли уважаеми бежанци ,
Доволни сме, че току-що сте избрали тази
страна за вас. Ние сме достатъчно богати
и могат много щастлив да представи
няколко парчета на нашия просперитет
пай. Позволете ми да ви прегърне , да ви
даде ръка или удар от братска целувка.
Nice , че сте тук и красива , че ще ни
обогати с вашето същество , вашата
култура и вашия опит .
Тези страници са тук ви посрещнат на
вашия език. Тази книга предлага
работниците да могат адекватно и горещо
, което получавате.

Очакваме с нетърпение да ви
Херолд да Mosch Dehner (От името на
всички жители на Германия)
Dobre doshli uvazhaemi bezhantsi ,
Dovolni sme, che toku-shto ste izbrali
tazi strana za vas. Nie sme dostatŭchno
bogati i mogat mnogo shtastliv da
predstavi nyakolko parcheta na nashiya
prosperitet paĭ. Pozvolete mi da vi
pregŭrne , da vi dade rŭka ili udar ot
brat·ska tseluvka. Nice , che ste tuk i
krasiva , che shte ni obogati s vasheto
sŭshtestvo , vashata kultura i vashiya
opit .
Tezi stranitsi sa tuk vi posreshtnat na
vashiya ezik. Tazi kniga predlaga
rabotnitsite da mogat adekvatno i
goreshto , koeto poluchavate.

Ochakvame s netŭrpenie da vi
Kherold da Mosch Dehner (Ot imeto na
vsichki zhiteli na Germaniya)

Welcome minahal nga mga kagiw ,
Kita ang nahimuot nga kamo lang nga
gipili niini nga nasud alang kaninyo .
Kami mga dato igo ug malipayon kaayo sa
pagsumiter sa pipila nga mga piraso sa
atong mga kauswagan pie . Tugoti ako
modawat sa kaninyo, aron sa paghatag
kaninyo sa usa ka kamot o pagbutang sa
usa ka inigsoong halok . Nice nga ikaw
dinhi ug sa matahum nga nga ikaw
mopalambo sa kanato uban sa imong
pagkatawo, sa imong kultura ug sa imong
mga kasinatian .
Kini nga mga pahina dinhi welcome kanimo
sa imong pinulongan . Kini nga basahon
nag-alagad sa mga mamumuo sa igong ug
mainitong modawat kaninyo .

Kita motan-aw sa unahan sa inyo
Herold sa Mosch Dehner (Sa ngalan sa
tanan nga mga residente sa Alemanya)

Velkommen kære flygtninge ,
Vi er glade for , at du netop har valgt
dette land for dig. Vi er rige nok og
kan meget glad for at indsende flere
stykker vores velstand pie . Lad mig
omfavne dig , at give dig en hånd eller
sætte en broderlig kys. Rart at du er
her og smuk , at du vil berige os med
dit væsen , din kultur og dine
oplevelser .
Disse sider er her byde dig velkommen i
dit sprog . Denne bog tjener arbejderne
i tilstrækkelig grad og varmt modtage
dig .

Vi ser frem til dig
Herold til Mosch Dehner (På vegne af
alle indbyggere i Tyskland)

Bonvenon kara rifuĝintoj ,
Ni ĝojas ke vi ĵus elektis ĉi lando por
vi . Ni estas sufiĉe riĉa kaj povas tre
feliĉa prezenti plurajn pecojn de nia
prospero torto . Lasu min ĉirkaŭbraki
vin , por doni vin manoj aŭ metante
fratan kison . Bela ke vi estas ĉi tie
kaj bela ke vi riĉigos nin per via
estaĵo , vian kulturon kaj viaj spertoj
.
Tiuj paĝoj estas tie bonvenigas vin en
via lingvo . Tiu libro servas la
laboristoj adekvate kaj varme akceptos
vin .

Ni rigardas antaŭen al vi
Herold al Mosch Dehner (Nome de ĉiuj
loĝantoj de Germanio)

Tere kallid pagulased ,
Meil on hea meel , et olete lihtsalt
valinud selle riigi jaoks. Meil on
piisavalt rikas ja saab väga hea meel
esitada mitu tükki meie heaolu pirukas .
Las ma omaks teid , et teile käe või
panna vennaliku suudlus. Tore, et sa
siin oled ja ilus , et sa rikastavad
meile oma olemuse , oma kultuuri ja oma
kogemusi .
Need leheküljed on siin tervitada teid
oma keeles . See raamat on saadaval
töötajaid adekvaatselt ja soojalt vastu
sulle.

Ootame teid
Herold et mosch Dehner (nimel kõik
elanikud Saksamaa)

Tervetuloa rakas pakolaiset ,
Olemme iloisia, että olet juuri valinnut
tämän maan sinulle . Olemme tarpeeksi
rikas ja voi hyvin iloinen toimittamaan
useita paloja hyvinvointiamme piirakka .
Saanen omaksua sinua , antaa
sinullekäden tai laittamalla veljellinen
suudelma . Mukavaa, että olet täällä ja
kaunis, että voit rikastuttaa meille
olemuksesi , sinun kulttuuri ja
kokemuksesi .
Nämä sivut ovat täällä toivottaa sinut
oman kielen . Tämä kirja palvelee
työntekijöitä riittävästi ja lämpimästi
vastaan sinulle .

Odotamme sinua
Herold on Mosch Dehner (puolesta
kaikille asukkaille Saksa)

Bienvenue cher réfugiés ,
Nous sommes heureux que vous venez de choisir ce pays pour vous. Nous sommes assez riche et nous pouvons très heureux de présenter plusieurs pièces de notre tarte à la prospérité. Permettez-moi de vous embrasse , pour vous donner un coup de main ou de mettre un baiser fraternel. Bien que vous êtes ici et belle que vous nous enrichir de votre être , votre culture et vos expériences .
Ces pages sont ici vous accueillent dans votre langue . Ce livre sert les travailleurs de vous recevoir chaleureusement et de manière adéquate .

Nous sommes impatients de vous
Herold à Mosch Dehner (Au nom de tous les résidents de l'Allemagne)

მოგესალმებით ძვირფასო ლტოლვილები, მოხარული ვართ, რომ თქვენ მხოლოდ შერჩეული ამ ქვეყანაში თქვენთვის. ჩვენ ვართ მდიდარი საკმარისი და შეიძლება ძალიან ბედნიერი უნდა წარმოადგინოს რამდენიმე ცალი ჩვენი კეთილდღეობა ტორტი. მიადევნე თვალი მოიცავს თქვენ , გადმოგცეთ მხრივ ან აყენებს ძმური კოცნა. კარგია, რომ თქვენ აქ და ლამაზი , რომ თქვენ გამდიდრების ჩვენთვის თქვენი ყოფნა, თქვენი კულტურა და თქვენი გამოცდილება.
ამ გვერდებზე აქ მივესალმებით თქვენს ენაზე. ეს წიგნი ემსახურება მუშები ადეკვატურად და თბილად მიგიღებენ .

ჩვენ ველით, რომ თქვენ
Herold რომ Mosch დენერიმი (სახელით ყველა მაცხოვრებლები გერმანია)
mogesalmebit' dzvirp'aso ltolvilebi, mokharuli vart', rom t'k'ven mkholod sherch'euli am k'veqanashi t'k'vent'vis. ch'ven vart' mdidari sakmarisi da sheidzleba dzalian bednieri unda tsarmoadginos ramdenime ts'ali ch'veni ket'ildgheoba torti. miadevne t'vali moits'avs t'k'ven , gadmogts'et' mkhriv an aqenebs dzmuri kots'na. kargia, rom t'k'ven ak' da lamazi , rom t'k'ven gamdidrebis ch'vent'vis t'k'veni qop'na, t'k'veni kultura da t'k'veni gamots'dileba.
am gverdebze ak' mivesalmebit' t'k'vens enaze. es tsigni emsakhureba mushebi adekvaturad da t'bilad migigheben .

ch'ven velit', rom t'k'ven

Herold rom Mosch denerimi (sakhelit'
qvela mats'khovreblebi germania)

Καλώς ήρθες πρόσφυγες ,
Είμαστε ευτυχείς που έχετε επιλέξει
μόλις η χώρα αυτή για εσάς . Είμαστε
αρκετά πλούσια και μπορεί να είναι πολύ
χαρούμενος να υποβάλουν πολλά κομμάτια
της πίτας της ευημερίας μας . Επιτρέψτε
μου να σας αγκαλιάσει , να σας δώσει ένα
χέρι ή βάζοντας μια αδελφική φιλί .
Νίκαια ότι είστε εδώ και όμορφο που θα
μας εμπλουτίσει με την ύπαρξή σας , τον
πολιτισμό σας και τις εμπειρίες σας .
Αυτές οι σελίδες είναι εδώ σας
καλωσορίζουμε στη γλώσσα σας . Το βιβλίο
αυτό εξυπηρετεί τους εργαζόμενους για
την επαρκή και θερμά λάβετε .

Ανυπομονούμε να σας
Herold να Mosch Dehner (Εκ μέρους όλων
των κατοίκων της Γερμανίας)
Kaló_s í_rthes prósfyges ,
Eímaste ef_tycheís pou échete epiléxei
mólis i_ chó_ra af_tí_ gia esás .
Eímaste arketá ploúsia kai boreí na
eínai polý charoúmenos na ypováloun
pollá kommátia ti_s pítas ti_s
ev_i_merías mas . Epitrépste mou na sas
ankaliásei , na sas dó_sei éna chéri í_
vázontas mia adelfikí_ filí . Níkaia óti
eíste edó_ kai ómorfo pou tha mas
emploutísei me ti_n ýparxí_ sas , ton
politismó sas kai tis empeiríes sas .
Af_tés oi selídes eínai edó_ sas
kalo_sorízoume sti_ gló_ssa sas . To
vivlío af_tó exypi_reteí tous
ergazómenous gia ti_n eparkí_ kai thermá
lávete .

Anypomonoúme na sas

Herold na Mosch Dehner (Ek mérous ólo_n to_n katoíko_n ti_s Germanías)

ברוכים הבאים פליטים יקרים ,
אנו שמחיםשיש לך רק שנבחרו המדינה הזאת בשבילך . אנחנו עשירים מספיקויכולים מאוד שמחים להגיש כמה חתיכות של עוגת השגשוג שלנו . תן לי לחבק אותך , לתת לדיד או לשיםנשיקת אחים . נחמד שאתה כאןויפה שאתה תעשיר אותנו בהוויה שלך , תרבותךוהחוויות שלך .
דפים אלה הם כאן לברך אתכם בשפה שלך . ספר זה משרת את העובדים לקבל אותך כראויוחום .

אנו מצפים לך
הרולדלMosch Dehner (בשם כל תושבי גרמניה)

प्रिय शरणार्थियों का स्वागत करते हैं ,

हम तुम सिर्फ तुम्हारे लिए इस देश को चुना है कि खुश हैं। हम काफी अमीर हैं और बहुत खुश हमारी समृद्धि पाई के कई टुकड़े प्रस्तुत करने के लिए कर सकते हैं। मुझे आप एक हाथ दे या एक भाई चुंबन डालने के लिए , आप गले लगा लो। आप अपने जा रहा है , अपनी संस्कृति और अपने अनुभवों के साथ हमें समृद्ध करेंगे कि आप यहाँ कर रहे हैं कि अच्छा और सुंदर ।

इन पृष्ठों यहाँ हैं अपनी भाषा में आपका स्वागत है। इस पुस्तक में पर्याप्त रूप से और दिल से आप प्राप्त करने के लिए कार्यकर्ताओं में कार्य करता है ।

हम आप के लिए तत्पर
(जर्मनी के सभी निवासियों की ओर से) Mosch Dehner को Herold

Priya śaraṇārthiyōṁ kā svāgata karatē haiṁ,
hama tuma sirpha tumhārē li'ē isa dēśa kō cunā hai ki khuśa haiṁ. Hama kāphī amīra haiṁ aura bahuta khuśa hamārī samr̥d'dhi pā'ī kē ka'ī ṭukaṛē prastuta karanē kē li'ē kara sakatē haiṁ. Mujhē āpa ēka hātha dē yā ēka bhā'ī cumbana ḍālanē kē li'ē, āpa galē lagā lō. Āpa apanē jā rahā hai, apanī sanskr̥ti aura apanē anubhavōṁ kē sātha hamēṁ samr̥d'dha karēṅgē ki āpa yahām̐ kara rahē haiṁ ki acchā aura sundara.
Ina pr̥ṣṭhōṁ yahām̐ haiṁ apanī bhāṣā mēṁ āpakā svāgata hai. Isa pustaka mēṁ paryāpta rūpa sē aura dila sē āpa prāpta

karanē kē li'ē kāryakartā'ōṁ mēṁ kārya karatā hai.

Hama āpa kē li'ē tatpara
(jarmanī kē sabhī nivāsiyōṁ kī ōra sē)
Mosch Dehner kō Herold

Selamat pengungsi sayang ,
Kami sangat senang bahwa Anda baru saja memilih negara ini untuk Anda . Kami cukup kaya dan bisa sangat senang untuk mengirimkan beberapa potong kue kemakmuran kita . Biarkan saya memeluk Anda , untuk memberikan tangan atau meletakkan ciuman persaudaraan . Nice bahwa Anda berada di sini dan indah yang Anda akan memperkaya kita dengan diri Anda , budaya dan pengalaman Anda . Halaman ini di sini menyambut Anda dalam bahasa Anda . Buku ini melayani pekerja untuk secara memadai dan hangat menerima Anda .

Kami berharap untuk Anda
Herold ke Mosch Dehner (Atas nama semua warga Jerman)

Velkomin flóttamenn kæru ,
Við erum ánægð með að þú hefur bara
valið þetta land fyrir þig . Við erum
ríkur nóg og getur mjög ánægð að leggja
nokkur stykki af hagsæld baka okkar .
Leyfðu mér að faðma þig , til að gefa
þér hönd eða setja bróðurelsku koss .
Gott að þú ert hér og falleg að þú mun
auðga okkur tilveru þinnar , menningu og
reynslu þína .
Þessar síður eru hér ykkur velkomin á
þínu tungumáli . Þessi bók þjónar
starfsmenn til nægilega og vel tekið á
móti þér .

Við hlökkum til þín
Herold að Mosch Dehner (Fyrir hönd
allra íbúa í Þýskalandi)

Sveiki mieli pabėgėliai ,
Mes džiaugiamės, kad jūs ką tik
pasirinko šią šalį jums. Esame
pakankamai turtingas ir gali labai
laimingas pateikti keletą gabaliukų mūsų
klestėjimas pyragas. Leiskite perimti
jums , kad duoti jums ranką ar išleisti
brolišką bučinys. Malonu, kad esate čia
ir gražus , kad jūs mus praturtinti savo
būties , savo kultūrą ir savo patirtimi.
Šie puslapiai yra čia pasveikinti Jus į
savo kalbą. Ši knyga tarnauja
darbuotojus tinkamai ir šiltai priimtų
jus .

Mes tikimės, kad jums
Herold į Mosch Dehner (vardu visų
Vokietijos gyventojų)

ស្វាគមន៍ជនភៀសខ្លួន ជាទីស្រឡាញ់,

យើងមាន សេចក្តីរីករាយដែល អ្នកទើបតែ បានជ្រើសរើស ប្រទេសនេះ សម្រាប់អ្នក។ យើងជាអ្នកមាន ឱ្យបានគ្រប់គ្រាន់ និងអាច រីករាយខ្លាំងណាស់ ក្នុងការដាក់ស្នើ បំណែកជាច្រើន នៃការនំ ភាពរុងរឿង របស់យើង។ សូមឱ្យខ្ញុំបាន ឱបក្រសោប អ្នកដើម្បី ផ្តល់ឱ្យអ្នកនូវ ដៃ ឬដាក់ ជាការថើប ជាបងប្អូន។ ស្រស់ស្អាតដែល អ្នកមាននៅទីនេះ និងស្រស់ស្អាត ដែលអ្នកនឹង បង្កើន យើងជាមួយនឹង ការជីក វប្បធម៌ របស់អ្នក និងបទពិសោធន៍ របស់អ្នក។

ទំព័រទាំងនេះ មាននៅទីនេះ ស្វាគមន៍អ្នកនៅក្នុង ភាសារបស់អ្នក។ សៀវភៅនេះ បានបម្រើការ ឱ្យកម្មករ ទទួលអ្នករាល់គ្នា គ្រប់គ្រាន់និង យ៉ាងរាក់ទាក់។

យើងបាន រង់ចាំអ្នក

Herold ដើម្បី Mosch Dehner (នៅលើ ក្នុងនាមជាប្រជាពលរដ្ឋ ទាំងអស់នៃ ប្រទេសអាល្លឺម៉ង់)

svakom chonphiesakhluon cheatisrleanh, yeung mean sechaktei rikreay del anak teubte ban chreusareusa bratesa nih samreab anak . yeung chea anakmean aoy ban krobkrean ning ach rikreay khlang nasa knong kar daksnae bamnek cheachraen nei kar nom pheap roungrueng robsa yeung . saum aoy khnhom ban aobakrasaob anak daembi phdal aoy anak nouv dai ryy dak chea kar thaeb chea bangobaaun . srasa saat del anak mean now tinih ning srasa saat del anak nung bangkeun yeung cheamuoynung kar chik vobb th robsa anak ning batpisaoth robsa anak . tompr teangnih mean now tinih svakom anak nowknong pheasaea robsa anak . sievphow nih ban bamreukear aoy kammokr ttuol anakrealknea krobkrean ning yeang reakteak .

yeung ban rngcha anak

Herold daembi Mosch Dehner (now leu
knongnam chea brachapolorodth teangoasa
nei bratesa allumng)

Добро пожаловать уважаемые беженцев ,
Мы рады, что вы только что выбрали эту страну для вас. Мы достаточно богаты и могут очень рад представить несколько частей нашего процветания пирога .
Позвольте мне обнять тебя , чтобы дать вам руку или положить братский поцелуй .
Приятно, что ты здесь и красиво, что вы обогатит нас с вашего существа , вашей культуре и своем опыте .
Эти страницы здесь приветствовать вас на вашем языке . Эта книга служит работников адекватно и тепло принять вас.

Мы с нетерпением ждем вас
Герольд , чтобы Мош Динер (от имени всех жителей Германии)

Dobro pozhalovat' uvazhayemyye bezhentsev ,
My rady, chto vy tol'ko chto vybrali etu stranu dlya vas. My dostatochno bogaty i mogut ochen' rad predstavit' neskol'ko chastey nashego protsvetaniya piroga .
Pozvol'te mne obnyat' tebya , chtoby dat' vam ruku ili polozhit' bratskiy potseluy . Priyatno, chto ty zdes' i krasivo, chto vy obogatit nas s vashego sushchestva , vashey kul'ture i svoyem opyte .
Eti stranitsy zdes' privetstvovat' vas na vashem yazyke . Eta kniga sluzhit rabotnikov adekvatno i teplo prinyat' vas.

My s neterpeniyem zhdem vas
Gerol'd , chtoby Mosh Diner (ot imeni vsekh zhiteley Germanii)

Siyakwamukela ababaleki othandekayo ,
Siyajabula ukuthi nje oyikhethile kuleli
zwe ngawe . Singabantu bacebe ngokwanele
futhi kungaba happy kakhulu ukuhambisa
izingcezu eziningana ukuchuma kwethu pie
. Ake ngizinikela kuwe , ukukunika
isandla noma ngokubeka kiss lobuzalwane
. Nice ukuthi ungumuntu lapha futhi
amahle ukuthi ngeke ekucebiseni us kanye
nenhlalakahle yakho , isiko lakho bese
nakho kwakho .
Lezi amakhasi lapha ukwamukela ngolimi
lwakho . Le ncwadi ukhonza izisebenzi
ngokwanele futhi ngokufudumele
benamukele .

Sibheke phambili kuwe
Herold ukuba Mosch Dehner (Egameni
yonke izakhamuzi Germany)

FSC
www.fsc.org
MIX
Papier aus ver-
antwortungsvollen
Quellen
Paper from
responsible sources
FSC® C105338